AF224697

Respect aux Gardes nationaux!

Mais...

PLUS

DE

GARDE NATIONALE !

Prix : 25 centimes.

PARIS,

CHEZ GARNIER FRÈRES, LIBRAIRES,

Palais-National, 215, galerie Montpensier, et 10, rue Richelieu,

ET CHEZ TOUS LES LIBRAIRES DE PARIS ET DES DÉPARTEMENTS.

1850.

GARDE CIVIQUE,

Ayant horreur de la tenue militaire, horreur des nuits passées, horreur des revues, horreur des banquets, horreur de la liberté que son service donne nuitamment à sa femme ; dont la devise est ORDRE PUBLIC, et qui, pourtant, jetterait feu et flamme, si on voulait la licencier !

Tiré de POLICHINELLE, ex-roi des Marionnettes, semi-prophétie, parue, fin décembre 1847, chez Willermy, éditeur, à Paris.

Éclairée par l'expérience des siècles, la société a sagement défendu à chacun, d'être son propre vengeur, sa justice, son bourreau, son gendarme !

La société qui a su faire cela, n'a pu faire que *tout le monde* fût de la garde nationale !

La société commet donc une haute injustice, quand elle contraint certains de ses membres à subir cette oppression par ignorance, cet attentat sérieux à la liberté individuelle, cette espèce d'inquisition, cause de perte de temps, d'argent, de douleurs, d'humiliations et de malheurs irréparables !

La société permet que des fractions légionnées de la garde nationale soient tout-à-coup supprimées, sous le nom de *licenciement*. — Par chaque fois qu'elle n'a pas reconstitué le service des *licenciés*, la société a établi l'inutilité et la faiblesse évidente de cette institution anormale, et, dans ce cas, elle a établi encore que : si d'un côté, elle pouvait se moquer de ses services, elle ne pouvait, d'un autre, se passer ni de gendarmes, ni d'armée ! Car, quand on a licencié certains corps militaires, on les a reformés immédiatement sous de nouvelles dénominations.....

La société a vu la garde nationale s'opposer à la marche des escadrons de service, en FÉVRIER 1848 !... Paris a vu et entendu ses bourgeois-soldats crier *Vive la réforme !* en croisant la baïonnette sur les vainqueurs de l'Afrique, enfants glorieux de la France, qui ne pouvaient subir un tel affront qu'au sein de leur patrie !... — La garde nationale a vu ses grenadiers d'élite faire le coup de fusil contre les gardes municipaux, martyrs de la consigne et de l'honneur, héros qui ne voulurent parer leur mort que de l'héroïsme modeste de l'obéissance !...

La société a vu ses bourgeois-guerriers prêter leur collaboration à l'œuvre de si déplorables massacres ; la société a vu ses bons bourgeois, oubliant que l'uniforme les faisait frères d'armes de ces victimes, pousser l'anomalie belliqueuse jusqu'à tuer ces pauvres soldats, sans songer que le drapeau civique portait pour devise : LIBERTÉ, ORDRE PUBLIC !

Quelle triste liberté !... quel singulier ordre !...

La société a vu, en juin 1848, au milieu des bandes sinistres d'insurgés prisonniers, qui serpentaient sur les quais et les boulevards; la société a vu des uniformes de la garde nationale, des épaulettes de tout grade, des soldats civiques de tout âge, de toute éducation, de toutes professions !

La société ne veut plus de ces spectacles ! la société ne veut plus de ces monstruosités !!!

C'est pourquoi, il est temps enfin de déclarer tout haut ce que tout le monde pense tout bas : que la garde nationale est une inutilité, un embarras, une institution maladroite, entravant la prospérité et la tranquillité publiques.

Sans remonter à l'époque de la création de la garde nationale, nous avons vu deux révolutions accomplies, deux autres avortées, en tout quatre cataclysmes publics complétés par la garde nationale !!!

En juillet 1830, la garde nationale, licenciée, traîna par les rues ses uniformes tirés de leurs armoires, pour exciter le peuple à la révolte et au combat : événement douloureux dont on n'a pu effacer les cruels souvenirs, malgré l'enivrante qualification de *héros de juillet*, malgré le ruban d'honneur accordé au courage exalté qui avait tué les gardes royaux, les Suisses et les gendarmes.

Pauvres tueurs, quand ne perdrez-vous plus votre temps, vos fortunes, vos travaux, à de si inutiles et malheureuses occupations ?

Celui qui écrit cela a vu, rue Montmartre, les libéraux

licenciés, parés de leurs insignes, conduisant les légions
révoltées qui allaient chercher dans la mort des braves une
excuse à leur colère et à leur crime ! Oui, à leur crime !...
car il est temps aussi d'inscrire aux tables de la loi de civilisation que *la révolution est le plus grand des crimes !*

Les figurants révolutionnaires le savent si bien, qu'on
n'ose les mener au combat sans leur avoir préparé une
excuse sacrée. De là cette pauvreté que nos derniers temps
de turpitudes ont entendu retentir à la tribune nationale :
L'insurrection est le plus saint des devoirs.

Mensonge ! car *la révolution est le plus grand des crimes !*

En 1832, on a vu des gardes nationaux prendre les
armes contre la garde nationale, au sortir du convoi du
général Lamarque !

Février 1848 a jeté sur le pavé de Paris les légions de
la garde nationale en travers de la répression... de la répression qui voulait arrêter le virus révolutionnaire débor-
dant dans les rues.

Juin 1848 a failli voir la garde nationale mobile marcher
contre la garde nationale sédentaire ! Le ciel seul empêcha
ce dénoûment infernal, que des hommes infâmes avaient
préparé !

En juin 1849, une trombe d'uniformes de la *garde nationale disparut,* en fuyant, devant la volonté d'un *général de la
garde nationale* qui paralysa l'émeute, comme toute volonté
sérieuse saura facilement la paralyser ; puisque le peuple
des révoltés même, ressent que la révolution est le plus
grand des crimes.

Assez de ces anomalies ! assez de ces représentations

ridicules ! assez de ces leçons publiques dont on n'a pas le courage de profiter !

Que la garde nationale elle-même en finisse ; qu'elle use du droit de pétition ; qu'elle demande sa dissolution ; qu'elle se reforme (si elle veut) sous la dénomination de VOLONTAIRES NATIONAUX ; et, puisqu'elle a su renverser les trônes en 1830 et en 1848, qu'elle sache renverser sa sotte organisation, pour réparer les maux qu'elle a causés et qu'elle ne manquerait pas de causer encore !

L'auteur de ces lignes a entendu, en 1830, rue Montmartre, et en 1848, rue Saint-Denis, les révoltés, au paroxisme de l'espoir du triomphe, s'écrier (en chargeant leurs armes, sans même plus se cacher) : *La garde nationale est avec nous !!!*

La garde nationale a donc été, ces deux fois-là, un levier d'Archimède de révolutions !

Quelle leçon pour le législateur dans ces deux cris pareils, poussés à dix-huit ans de distance !!!

L'armée elle-même ne sait plus que faire quand on tue ses frères à elle aussi (car il n'y a pas que les faubouriens qui aient des frères !) ; l'armée ne sait que faire quand elle n'a pas de garde nationale à côté d'elle : et pourtant, l'armée est militairement embarrassée quand elle opère avec des gardes nationaux !

C'était à qui accablerait de conseils bizarres, nos guerriers d'Afrique pendant la guerre horrible de juin. Chaque garde national se croyait un Napoléon pour la bataille, un Washington pour la raison ; et chaque bourgeois-soldat ne servit trop souvent qu'à tuer son camarade, tant est grande l'inexpérience du civique maniement d'armes. Et ici, hélas! il faut déplorer l'assassinat par maladresse d'un de nos plus grands capitaines!!!

C'est qu'au métier de la guerre le courage et la bonne volonté ne suffisent pas!

Tel épicier qui rirait à l'idée de voir le général Changarnier peser du poivre, ne pense pas combien lui-même est plus tristement comique, lorsqu'il manie le mousquet citoyen.

La création des VOLONTAIRES NATIONAUX peut seule mettre fin aux erreurs dangereuses, aux maux réels qui sont nés de l'institution erronée de la garde nationale. Que ces volontaires soient soumis à un code sérieux qu'ils auront accepté, rédigé même (cela se peut); mais qu'il y ait harmonie, homogénéité entre ces citoyens soldats et les citoyens de l'armée.

Alors on ne verrait plus ce triste, ce déplorable spectacle de l'appel ne constatant que des contingents de quarante hommes, sur des compagnies de quatre cents... Et qu'on ne s'étonne pas de cela. Il ne peut, il ne doit pas en être autrement. Et la preuve, c'est que beaucoup d'anciens soldats réputés manquent à ces appels.

D'ailleurs, la nature a horreur de la mort! Dieu nous a mis au monde pour vivre et non pour mourir; autrement, il eût évité de prendre le soin de nous faire exister : c'est évident! Il a donné le courage à l'homme pour protéger sa vie, et non pour détruire celle d'autrui!

Il est temps qu'un être doux et paisible ne soit pas condamné au métier de tueur, même de révoltés !

Il y a assez d'énergumènes, de tous partis, prêts à s'entre-dévorer, sans qu'il soit besoin de forcer les âmes sensibles à triompher de leur horreur pour la tuerie !

Il est temps que les bonnes mères conservent auprès d'elles les enfants qui sont dignes d'être aimés d'elles. Et je ne sache pas que nos mères modernes soient assez stupidement spartiates pour aimer leurs enfants en proportion de leur ardeur à verser le sang humain !

Il est temps que gouvernants et gouvernés, tout en parlant de pacification et de progrès, n'entretiennent plus avec persévérance des éléments éducatifs de destruction !

Il est temps, j'espère, que ceux qui crient après l'inutilité des dépenses de l'armée, comprennent que la garde nationale est encore bien plus inutile et bien plus dispendieuse !

Il est temps que la société s'aperçoive qu'elle exporte à grands frais des enfants de la France, pour aller tuer, chez eux, de bons Bédouins qui n'ont commis d'autre crime que d'appartenir à un pays dont le chef a eu la stupide humeur d'appliquer un coup d'éventail à un consul français ! Et le manque de tact causa peut-être cette sottise !

Il est temps de comprendre que nos soldats seraient bien mieux employés à punir, au sein de la patrie, le crime de révolution ! Et ceci ne veut pas du tout dire qu'il ne faille pas conserver l'Algérie. Non ; il faut tenir plus que jamais à cette conquête qui répandra la vraie civilisation, augmentera et étendra le bien-être, en combattant la misère par les produits du sol algérien.

Enfin, conservons l'Algérie, ne fût-ce que pour y créer

des légions indigènes destinées à vaincre nos armées du mal.

Il est temps que la société, sous prétexte d'autorité et d'ordre public, ne permette plus à un citoyen ridicule, d'abuser d'une position gradée et disciplinaire, pour dire des grossièretés aux hommes de goût, dont le bon sens ne veut briguer ni les honneurs de l'épaulette, ni ceux du service bâtard de la garde nationale !

Il est temps qu'on n'accoutume plus les enfants à jouer au soldat, et qu'on n'y fasse surtout pas jouer les hommes !

Il est temps qu'on ait la liberté de ne tuer personne, si on a le désir de ne tuer personne !

Il est temps que les armées soient composées de tempéraments spéciaux, et non plus d'individus n'ayant que l'orgueil scolastiquement guerrier d'un faux point d'honneur !

Il est temps que des soldats civiques ne puissent plus, même accidentellement, mériter des pensions ou des croix militaires dont, en ce cas, l'armée est moralement et matériellement frustrée !

Il faut que la philosophie tienne compte des combats livrés (aux temps enivrants de l'Empire pourtant) par de mâles courages qui préféraient braver incessamment la balle mortelle de la loi, plutôt que de se soumettre au despotisme de la conscription. Il est temps que le législateur apprécie le désespoir de ces jeunesses-là, qui préfèrent se faire tuer plutôt que de risquer leur vie sous le harnais du soldat !

Il est temps de réfléchir à ce despotisme légal, qui a dévoré tant de beaux enfants du travail, arrachés aux champs fertiles de la vie, pour engraisser les stériles sillons des champs du meurtre et du carnage !

Il est temps d'inscrire aux drapeaux de l'armée une devise sans indécision :

LIBERTÉ ! ORDRE, QUAND MÊME !

C'est le seul moyen de parer aux hésitations fatales de 1830 et de 1848, qui ont produit juin 1832 et juin 1848 !... deux exemples qu'on devrait écrire en lettres de feu au frontispice du palais de la législation !

Il est temps qu'un citoyen français ne soit plus exposé à passer des nuits stupides dans un corps-de-garde puant, malsain, obscène, canaille, bête, plein de puces et d'autres animaux plus visibles et aussi insupportables, pour satisfaire dans un autre citoyen la gloriole d'un grade !

Il est temps qu'on n'insulte plus un honnête homme par une humiliante condamnation à la prison ; qu'on ne conduise plus un père de famille au cachot comme un enfant, qu'on ne le mette plus au pain et à l'eau comme un marmot ! surtout quand on met les officiers de l'armée aux arrêts, chez eux ! Il faut être garde national, comme tout, pour ne pas penser à cela !

Il est temps de reporter sur la splendeur de l'armée les sommes si follement gaspillées, par les frais d'uniformes et autres impôts nés de l'institution bâtarde de l'armée citoyenne ! Il est temps qu'un honnête homme ne soit pas contraint de s'habiller en garde national quand il n'a souvent pas le moyen de s'habiller en bourgeois ; et que surtout, il ne soit pas contraint de publier sa misère imméritée en avouant, devant un conseil composé de gens riches,⁎ qu'il n'a pas d'argent pour se caparaçonner en guerrier !

Il est temps qu'on ne soit plus arraché, pendant une partie de son existence, à une profession quelconque plus utile au pays, que la destruction de tous les Prussiens, Bédouins, Cosaques, Anglais, et autres prétendus ennemis qui ne demandent pas mieux que de vivre en bonne intelligence avec nous : ainsi que la vapeur vient de le prouver en Europe et en Afrique, par les trains de plaisir !

Il est temps que la joie, le bonheur, la bonté, l'esprit, le travail aient leurs légions aussi , comme la colère politique, comme les ambitions de tous les partis ont les leurs ! Et, espérons que ces légions pacifiques remplaceront bientôt les armées sur la surface du globe régénéré !

Il est temps que dans un corps-de-garde de la garde nationale, où il y a cinquante ennuyés sur cinquante quatre hommes de service, c'est-à-dire cinquante soldats, contre deux tambours et un officier; il est temps que ces cinquante ennuyés, vexés, empêchés, menacés dans leur commerce et leur liberté, sachent se réunir pour demander *la Réforme de la garde nationale!*

Il est temps, j'espère, qu'il soit permis à un homme paisible de ne pouvoir faire partie de l'armée bourgeoise, quand le moindre socialiste est naturellement délivré de ce cauchemar.

Il est temps que dans un pays libre, on ait la liberté d'être libre ! Et ce n'est pas être libre que d'être contraint à faire un autre état que celui que la nature vous a indiqué et permis de faire !

Il est temps qu'on ne voie plus les gardes nationaux

donner à coups de *canons*, le spectacle dégoûtant de l'ivresse en uniforme civique !

Il est temps de reconnaître qu'il est aussi glorieux de servir son pays par les arts, par le travail , par l'industrie que par les armes !

Il est temps que les citoyens paisibles ne puissent se passer des guerriers, et que les guerriers ne puissent se passer des citoyens paisibles !

Il est temps d'inscrire sur nos frontières : — *Salut, sol étranger, salut habitant de ce qu'on nomme encore une autre patrie !... La France veille sur toi, elle veut te persuader, elle n'a plus besoin de te conquérir !...*

Il est temps qu'on ne charge pas les moutons de dévorer les loups !

Il est temps que l'homme né guerrier, rendant hommage à Dieu, qui l'a ainsi créé pour le rôle noble et naturel de chien de berger, soit le défenseur de l'intelligence au milieu des troupeaux panurgiens des hommes, comme le chien est le protecteur du troupeau d'animaux !

Il est temps qu'un journal sérieux (s'il y en a), reproduise ces vérités !

Il est temps que l'Assemblée nationale, que les hauts fonctionnaires de la France apprécient cette image échappée à la brutalité poétique d'un des grands pourfendeurs de la tranquillité publique , et que le Conseil d'Etat ainsi que tous les cerveaux qui réfléchissent, pèsent enfin toutes les conséquences de cette écrasante vérité : que toute garde nationale quelconque, n'est qu'une *véritable orgie de fusils !*

Et il est temps aussi d'apprendre à l'univers, que le prototype du guerrier, c'est le gendarme départemental, l'ami du foyer, l'ami de la famille, la vertu! *(virtus)* armée par la loi pour paralyser et punir les méchants.

Afin de n'influencer, ni contre, ni pour, par mon nom, l'appréciation du lecteur, je signe

UN AMANT DU VRAI, DE L'HONNÊTE,

et du Progrès, par conséquent.

Paris. — Imprimerie de Mme SMITH, rue Fontaine-au Roi, 18.

OUVRAGES

EN VENTE CHEZ GARNIER FRÈRES,

GALERIE MONTPENSIER, PALAIS-NATIONAL,

Volumes à 3 fr. 50 c.

Le Livre des Affligés, Douleurs et Consolations, par le vicomte Alban de Villeneuve-Bargemont. 2 vol.

La divine Epopée, par Alexandre Soumet. 1 vol.

Œuvres de J. Reboul, de Nîmes : Poésies diverses ; le Dernier Jour, poëme. 1 vol. avec portrait.

Italiam, par Edouard Foussier. 1 vol. in-18.

Lettres sur la Hollande, par X. Marmier, auteur des Lettres sur le Nord. 1 vol. in-18.

Lettres sur l'Islande, du même. 1 vol. in-18.

Œuvres complètes d'Ossian, nouvelle traduction par A. Lacaussade. 1 vol. in-18.

Correspondance de Jacquemont avec sa famille et plusieurs de ses amis, pendant son voyage dans l'Inde (1828-1832). Nouvelle édition, augmentée de lettres inédites et accompagnées d'une carte. 2 vol. in-18.

Voyages de Gulliver dans les contrées lointaines, par Swift. Traduction nouvelle, précédée d'une biographie par Walter Scott 1 vol. in-18.

Éducation progressive, ou Etude du cours de la vie, par Mme Necker de Saussure. 2 vol.

Cet ouvrage a obtenu le prix Montyon.

Buffon. Histoire de ses travaux et de ses idées, par Flourens. 1 vol.

Fontenelle, ou la Philosophie moderne, relativement aux sciences physiques. 1 vol.

Manuel de Philosophie moderne, par Ch. Renouvier. 1 vol.

Manuel de Philosophie ancienne, par Ch. Renouvier, 2 vol.

Vies des Dames galantes, par Brantôme. Nouvelle édition, revue et corrigée sur l'édition de 1741, avec des remarques critiques et historiques. 1 vol. in-18.

Mémoires de Jacques Casanova de Seingalt. 4 vol. in-18.

Mémoires et correspondance de Diderot : le Neveu de Rameau, le

Paradoxe sur le Comédien. 2 vol.

Romans, Contes et Voyages, par Arsène Houssaye. 2 vol.

Le Presbytère, par R. Topffer. Edition revue par l'auteur. 1 vol.

Rosa et Gertrude, par R. Topffer, précédé de notices sur la vie et les ouvrages de l'auteur, par MM. Sainte-Beuve et de La Rive. 1 vol.

Réflexions et menus propos d'un peintre genevois, ou Essai sur le beau dans les Arts, œuvre posthume de R. Topffer, précédés d'une notice sur sa vie et ses ouvrages. 2 vol.

Œuvres de E.-T.-A. Hoffmann, trad. de l'allemand par Loeve-Weimars. Contes fantastiques, 2 séries.

Hygiène des Femmes nerveuses, par E. Aubert. 1 vol.

Physiologie et Hygiène du Magnétisme, par Ricard. 1 vol.

Propos de table de Martin Luther. 1 vol. in-18.

Les Lois de Platon, traduction de Grou. 1 vol.

Orateurs et Sophistes grecs. Choix de harangues, d'éloges funèbres, de plaidoyers criminels et civilisés, etc. 1 vol.

ŒUVRES DE GEORGE SAND.

Indiana. 1 vol.

Jacques. 1 vol.

Valentine. 1 vol.

Le Secrétaire intime, Léone Léoni. 1 v.

André, la Marquise, Métella, Lavinia, Mattea. 1 vol.

Lelia et Spiridion. 2 vol.

La dernière Aldini, les Maîtres Mosaïstes. 1 vol.

Lettre d'un Voyageur. 1 vol.

Simon, l'Uscoque. 1 vol.

Mauprat, 1 vol.

Le Compagnon du Tour de France. 1 vol.

Pauline, les Majorcains. 1 vol.

Les Sept cordes de la Lyre, Gabriel. 1 vol.

Mélanges. 1 vol.

Horace. 1 vol.

Application de la géographie à l'his-
toire, par Braconier. 2 vol. gr. in-18.
Histoire maritime de France, par Léon
Guérin, 2 vol. in-18.
Voyage en Bulgarie, par Blanqui.
1 vol. in-18.
Lettres de Mme de Sévigné. 6 vol.
in-18.
Défense du Christianisme, par les pères
de l'Eglise. 1 vol.
La Ligue, scènes historiques, par Vitet,
Les Barricades, Mort de Henri III,
les Etats de Blois. 2 vol. in-18.
Divinité de Jésus-Christ annoncée par
les prophètes, démontrée par les
évangélistes. 2 vol.
Oraisons funèbres de Bossuet. 1 vol.
in-18.

Le Chemin du Sanctuaire montré à
ceux qui aspirent au sacerdoce, ou
Manuel ecclésiastique. 1 vol.
Auteurs latins, avec la traduction en
français, format anglais, publiés sous
la direction de M. Nisard.
Tacite. 2 vol. à   3 fr.
Térence. 1 vol.   3
Horace. 1 vol.   3
Suétone. 1 vol.   3
La Chartreuse de Parme. 1 vol.
Rouge et Noir. 1 vol.
Henri Monnier. Scènes populaires,
etc. 2 vol.
Œuvres morales de Plutarque, traduites
du grec par Ricard. Paris, Lefèvre
et Charpentier, 1844. 5 forts vol. gr.
in-18 ; au lieu de 17 fr 50 c., net 6 f.

Volumes à 1 fr. 75 c.

Mémoires complets et authentiques du
duc de Saint-Simon, sur le siècle de
Louis XIV et la Régence, publiés
sur le manuscrit original entièrement
écrit de la main de l'auteur, ex pair
de France, etc. Nouv. édit., revue et
corrigée. 40 volumes, dont 2 de
tables, avec 38 portraits gravés sur
acier.   70 fr.
Souvenirs de la marquise de Créqui
(1718-1803). Nouv. édit., revue, corrigée et augmentée de notes. 10 vol.
avec gravures sur acier. 17 fr. 50 c.
Les Historiettes de Tallemant des
Réaux. Mémoires pour servir à l'histoire du seizième siècle, publiés sur
le manuscrit autographe de l'auteur.
Deuxième édition, précédée d'une notice sur l'auteur, augmentée de pas-
sages inédits, et accompagnée de
notes et d'éclaircissements, par
M. Monmerqué, membre de l'Aca-
démie nationale des inscriptions et
belles-lettres, 10 vol. ornés de 10
portraits gravés sur acier. 17 fr. 50.
Mémorial de Sainte-Hélène, par le
comte de Las-Cases ; nouv. édit. revue par l'auteur. 9 volumes. 9 gravures.   15 fr. 75 c.
Congrès de Vérone. Guerre d'Espagne,
négociations, colonies espagnoles, par
Chateaubriand. 2 vol.   3 fr. 50 c.
Lettres sur le Nord. Danemark, Suède,
Norwége, Laponie et Spitzberg, par
X. Marmier. 2 vol. avec 2 jolies vignettes.   3 fr 50 c.
L'Ame exilée. Légende par Anna Ma-
rie. Sixième édition. 1 vol. avec vig.
Œuvres de Gilbert. Avec une notice
historique par Charles Nodier. 1 vol.
in-18, orné d'un portrait.
Œuvres de Ronsard, avec des notes ex-
plicatives du texte et une notice historique, par P.-L. Jacob, bibliophile.
1 vol. avec portrait.

Amélie de Saxe, traduite de l'allemand,
par Pitre-Chevalier. 1 vol. avec portrait.
Fables littéraires, par D. Thomas de
Iriarte, traduites en vers de l'espa-
gnol, par C. Lemesle, précédées
d'une Introduction par Emile Des-
champs. 1 vol. avec vignette.
L'Ane mort et la Femme guillotinée,
par Jules Janin. 1 vol. avec vig.
Edith de Falsen, par Ernest Legouvé.
1 vol. avec vignette.
Le chevalier de Saint-Georges, par
Roger de Beauvoir. Deuxième édition. 4 vol. avec vignettes.   7 fr.
Fragoletta, Naples et Paris en 1799,
par H. de Latouche. Nouv. édit. 2
vol. ornés de deux vignettes. 3 fr. 50.
Le Maçon, mœurs populaires, par
Michel Raymond, 2 volumes avec
vignettes.   3 fr. 50 c.
Fortunio, par Théophile Gautier.
1 vol. orné d'une vignette.
Le moine, par G. Lewis, traduction
nouvelle, entièrement conforme au
texte de la première édition originale,
par Léon de Wailly. 2 volumes avec
vignettes.   3 fr. 50
Une Soirée du Théâtre-Français (24
avril 1841) : le Gladiateur, le Chêne
du roi, par Alex. Soumet et Mme Ga-
brielle d'Altenheim. 1 vol.
Lettres d'Héloïse et d'Abeilard, traduites librement d'après les lettres
originales latines, par le comte Bussy-
Rabutin, avec les imitations en vers
par Colardeau, Dorat, Douxigné,
Saurin. 1 vol.
Le dernier Jour, poëme en dix chants,
par J. Reboul. 1 vol. in-18.
Les Satiriques des dix-huitième et
dix-neuvième siècles. Première série,
contenant Gilbert, Despaze, M.-J.
Chénier, Rivarol, Satires diverses.
1 vol.